처음 철학 그림책

물

사라지지 않는 물

페르닐라 스탈펠트 글·그림 | 김아영 옮김

시금치

물 =

수소와 산소로 구성된 화학적 복합물.

우리가 알고 있는 모든 생명체에 꼭 필요한 요소로,

화학식은 H_2O이다.

이따금 물에 대해 생각해 보는 건 중요해.

물은 거의 모든 것에 있거든.

바다에도,  구름과 비에도…

수도꼭지에도…

…우물에도 있지.

창문에 물이 방울방울 맺힐 때도 있고…

…우산에 맺히기도 해.

유리창에 어리는 김도 아주 작은 물방울이야.

유리에 입김을 불면 볼 수 있지.

공기 중에도 작디작은 방울로 존재하는 물이 있어.

그걸 안개라고 하는데, 회색빛을 띤 흰색으로 보이고 두껍게 끼기도 하지.

텐트가 어디 있담?

아이고, 아무것도 안 보여.

← 물 마시는 무당벌레

이슬모자풀 →

아침에 풀에 맺힌 물방울은 이슬이라고 불러.

이슬은 밤에 공기가 서늘해질 때 떨어지지.

안개 속에서 춤추는 요정들

구름 속에도
아주아주 작은
물방울이 있는데,

구름에 물이 너무
많아지면 비가 되고…

…날씨가 추울 땐 눈이 돼.

← 눈송이

예티 →

나도
눈 좋아.

나는
눈이 좋아.

눈은 땅 위로
떨어져.

서리는 물체 표면에 얼어붙은 물인데, 날이 매우 추울 때 나뭇가지나 풀에 단단히 자리를 잡는단다.

얼음은 얼어서 굳어진 물이야.
예를 들면 꽝꽝 얼어붙은
호수처럼 말이야.

물 위에서 미끄러져 앞으로 나아갈 수 있어.

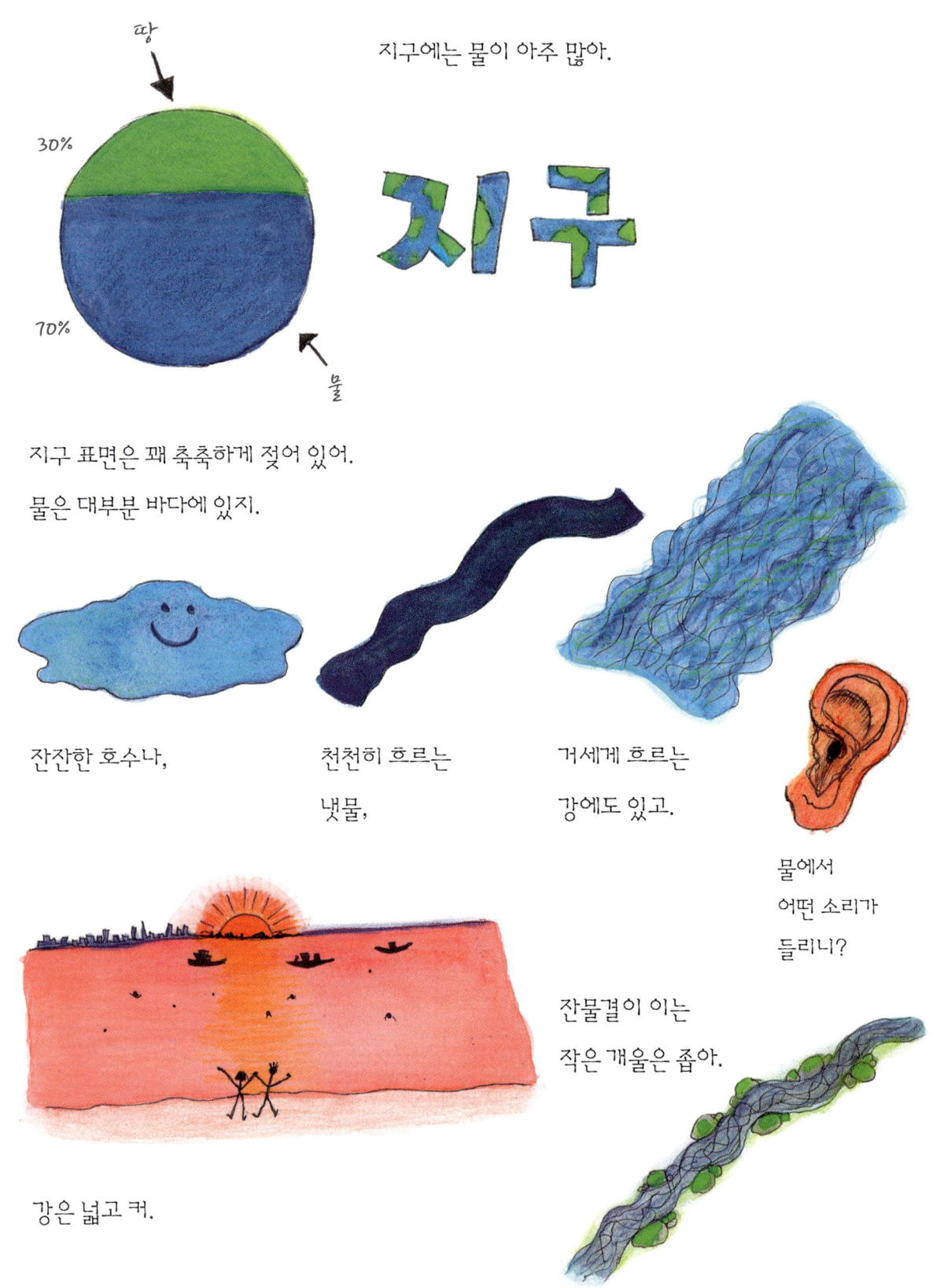

물은 대체 무슨 색이지?

물은 다양한 색을 띨 수 있어.

유리컵에 담겨 있을 땐 보통 투명해.

화창한 날에 하늘이 비친 호수 물은 파란색을 띠고,

어두운 밤에는 검은색,

파랑

검은 물 위에 떠 있는 검은 배

좋은 아침!

해가 떠오를 땐 분홍색을 띠어.

사람 몸에도 물이 많아.
우리 몸의 65퍼센트가 물이거든.

찰랑찰랑!

오이는 96%가 물이야.
오이

눈물은 눈에서 흘러나오는
소금기 있는 물이야.

짭짤한 땀도
마찬가지야.

오줌도 일종의 물이란다.
…노란색이긴 하지만.

침도 일종의 물인데,
입 안에 있지.

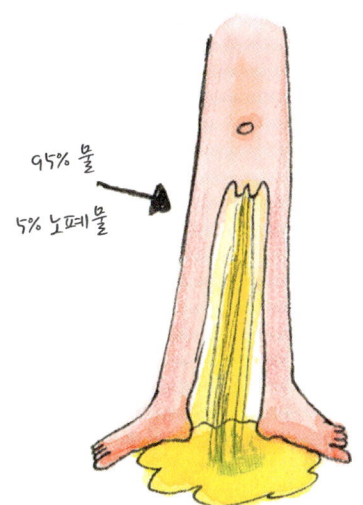

95% 물
5% 노폐물

콧물도 물처럼
꽤 묽을 때가 있어.

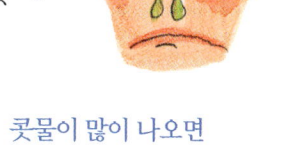

콧물이 많이 나오면
물을 많이 마시는 게 좋아.

지구상에 존재하는 물은 예전부터 있어 왔던 물이야.
무려 40억 년 동안 지구만큼 오래 존재했던 거야.

1000년 전에 바이킹이
마시던 물은…

…오늘날 네가
마시는 물과 같아.

《성경》에서는 2000년 전에
예수님이 물 위를 걸었다고
하는데, 그 물도 같은 물이지.

매머드가 마신 물도.

크르르르!

티라노사우루스 →

공룡도 같은 물을 먹고
오줌으로 내보냈지.
몇 리터나 됐을까?

콰르르르~

물은 사라지지 않아.
돌고 도는 거지.
그러니까 물을 소중하게 쓰고
보호해야 해.

새로운 물을
발명하려고
연구 중이란다.

연구원 →

잘돼
가나요?

생각보다
어려운 일이지.

사막에는 보통 물이 없어.
모래뿐이지. 모래와 돌…,
어쩌면 낙타 한 마리쯤은 있을지도 몰라.

난 나만의 물이 있지.

낙타 등에 달린 혹은 낙타가 목마르지 않게 도와줘.

나는 퍼석퍼석한 공이야.

달에도 물이 많지 않아.
얼어붙은 물을
조금 발견했을 뿐이야.

신사 달

난 달에 안 갈래.

우린 달로 이사하고 싶지 않아.

나도 마찬가지야.

사랑

소중한 물!

사람도, 식물도, 동물도 살아가려면 물이 꼭 필요해.
모든 생명에는 물이 없어서는 안 되지.

사람은 날마다 마셔야 해.

  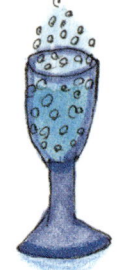  

차　　　주스　　　탄산수　　　우유　　　아기용 우유

물이 들어간 음료

어린이는 하루에 물 1.5리터를 마셔야 해.

말은 더 많이 마셔야 하지.
더운 날에는 30리터는 마셔야 해.

꿀꺽꿀꺽!

얼른 비가 오면 좋겠네.

자작나무는 날이 뜨거울 때 200~300리터는 거뜬히 마실 수 있어.

뿌리

마시는 물은 깨끗해야 해.

오염된 물을 마시면 병에 걸릴 수 있어.

토사물

바다에 플라스틱과 쓰레기를 버리지 마.

낡은 쇠붙이도 안 돼. 물이 더러워지거든.

기름

오줌이나 똥을 누거나 죽은 동물을 버리는 것도 절대 금지야.

바다에 쏟아 버리면 안 돼!

독성 화학물

마시면 안 돼!

물이 독성을 띠게 된다고.

수영하면 안 돼!

물 때문에 더러워지기도 하고…

흙탕물

만세!

…깨끗해지기도 해.

맨몸 수영!

깨끗한 물

물은 여러 가지 것들을
녹일 수 있어.
예를 들면 때라든가…

← 때

…설탕 조각
같은 것들을.

비누

목욕용 솔

샴푸

머리 감기

상쾌하군.

비누와 샴푸는
물에 녹아.
다행이지.

옛날 사람들은 물의 악령이 개울에서 악기를 연주한다고 믿었대.

물의 악령은 조금 위험한 존재야.

아름다운 연주로 사람들을 홀려서 물에 빠지게 했거든.

수영할 줄 모르는 사람이라면 비극적인 결말을 맞이했겠지.

수영을 배워 두면 좋아.

물에 빠져도 헤엄쳐 나올 수 있을 테니까.

더운 날에 벌과 나비에게 도움이 되는 일을 하고 싶니?

그렇다면 곤충을 위한 카페를 만들어 봐.

물은 정말 유용해.
멋진 음료수를 만들 수 있거든.

얼음 틀을 준비하고
칸마다 산딸기를 넣은 다음 물을 채워.
그러곤 24시간 동안 냉동실에서 얼려.
그러면 멋진 얼음이 만들어지지.

이런 걸 넣어도 좋아.

블루베리   국화 꽃잎

산딸기주스 →

딸기 조각   라일락 꽃잎   장미 꽃잎

전부 다 먹을 수 있는 거야.

아니면 오이 레몬수를 만들어 봐.

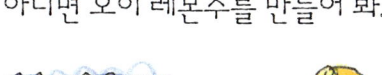  + +

물+레몬+오이 조각+박하 잎
= 물컵에 넣기

+

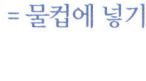

맛있어.   엄청 간단하네.

지은이 페르닐라 스탈펠트

1962년 스웨덴의 외레브로라는 곳에서 태어났어요. 대학에서 문화학과 예술학을 공부한 뒤 박물관에서 어린이들에게 현대미술을 가르치는 일을 했습니다.
1997년부터 그림책 작가로 활동하면서 《죽으면 어떻게 돼요?》《세상으로 나온 똥》《두들겨패줄 거야!》 등 많은 그림책을 쓰고 그려서 엘사 베스코브상 등의 어린이문학상을 받았어요. 특히 2004년에는 동화책 《삐삐 롱스타킹》을 쓴 작가 아스트리드 린드그렌 재단에서 수여하는 아동문학상인 아스트리드 린드그렌상을 받았습니다.

옮긴이 김아영

한국외국어대학교에서 영어통번역학과 스칸디나비아어학을 공부했어요. 스웨덴어, 일본어, 영어를 우리말로 옮기는 번역가로 활동하고 있습니다. 옮긴 책으로 《오로지 나만》, 《인스타 브레인》, 《스마트폰이 뭐 어때서요?》, 《K·N의 비극》 들이 있어요.

처음 철학 그림책 〈물〉 | **사라지지 않는 물**

초판 1쇄 발행 2025년 8월 25일
지은이 페르닐라 스탈펠트 | 옮긴이 김아영
디자인 달뜸창작실, 권수정 | 편집 한지연, 송영민
펴낸이 송영민 | 펴낸곳 시금치 | 주소 서울시 마포구 잔다리로7길 18, 502호 | 전화 02-725-9401
팩시밀리 0303-0959-9401 | 전자우편 7259401@naver.com | 블로그 https://blog.naver.com/greenpubbook
인스타그램 https://www.instagram.com/greenspinage/
출판신고 제2019-000104호

ISBN 979-11-93086-34-6 77850
　　　978-89-92371-22-3(세트)

VATTENBOKEN by PERNILLA STALFELT
Text & illustrations ⓒ Pernilla Stalfelt
First published by Rabén & Sjögren, Sweden, in 2024
All rights reserved.
The Korean language edition is published by arrangement with Raben&Sjögren Agency,
Sweden through MOMO Agency, Seoul.

이 책의 한국어판 저작권은 모모 에이전시를 통해 Raben&Sjögren Agency 사와의 독점 계약으로 도서출판 시금치에 있습니다.
저작권법에 의해 한국 내에서 보호를 받는 저작물이므로 무단전재와 무단복제를 금합니다.

이 책은 〈스웨덴 예술위원회(Swedish Arts Council)〉가 지원하는 〈스웨덴의 좋은 책 번역비 보조사업〉의 선정작입니다.

어린이 제품 안전특별법에 의한 제품 표시 | 제품명 사라지지 않는 물 | 제조국명 대한민국 | 제조자명 도서출판 시금치
전화번호 02-725-9401 | 주소 서울시 마포구 잔다리로7길 18, 502호 | 제조년월일 2025년 08월 25일 | 사용연령 36개월 이상

• 값은 뒤표지에 있습니다.
• 잘못 만들어진 책은 구입하신 서점에서 바꾸어 드립니다.